Mix
Genuss
AF549311
Über 35
tolle Rezepte
für den
Thermomix!

Fish & Seafood

INHALT

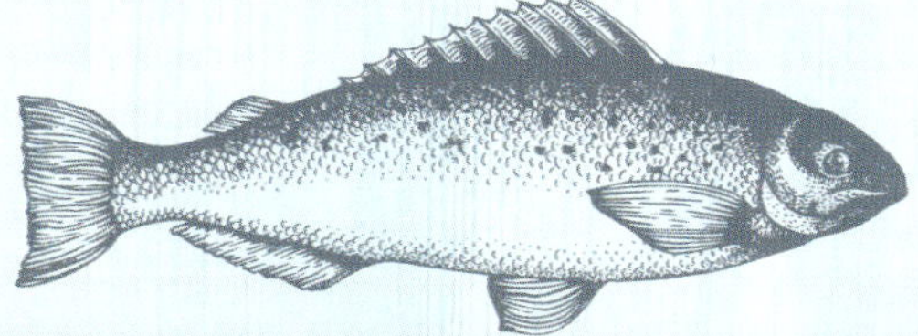

Fisch richtig in der Pfanne braten - siehe Tipps im Umschlag vorne.

Ananas-CARPACCIO mit Garnelen

Servieren Sie dazu **BAGUETTE.**

4 Portionen

FÜR DIE SAUCE

1	Knoblauchzehe
1	rote Peperoni, entkernt
200 g	Schmand
100 g	Salatmayonnaise
1 TL	Meersalz
einige Tropfen grüner Tabasco	
¼ TL	Pfeffer, gem.
½ TL	Paprikapulver, rosenscharf
1 EL	Tomatenketchup
1 EL	Limettensaft
1 TL	Worcestersauce

AUSSERDEM

500 g	Garnelen, gekocht, küchenfertig
1	kl. Ananas
etwas	Salz & Pfeffer
etwas	Olivenöl
etwas	Balsamicoessig, hell
1	kl. rote Zwiebel
4-5	Frühlingszwiebeln
etwas	Chiliflocken
8-10	Basilikumblätter

ZUBEREITUNG

Knoblauch und Peperoni in den Mixtopf geben und **5 Sek./Stufe 6** zerkleinern. Mit dem Spatel nach unten schieben. Restliche Zutaten für die Sauce zugeben und **20 Sek./Stufe 3** verrühren. Garnelen zugeben und mit dem Spatel vermengen.

Ananas schälen, den harten Strunk entfernen und in feine Scheiben schneiden oder hobeln. Gefächert auf einer großen Platte anrichten. Mit etwas Salz und Pfeffer würzen und mit Olivenöl und Balsamicoessig beträufeln.

Zwiebel in feine Ringe hobeln und auf den Ananasscheiben verteilen. Die Garnelen samt Sauce darauf geben. Frühlingszwiebeln in Ringe und Basilikumblätter in Streifen schneiden. Auf dem Carpaccio verteilen und mit Chiliflocken bestreuen.

Tipp

Sie können auch die Ananas klein würfeln und alles miteinander vermengen. In Gläschen serviert ein tolles Partygericht!

Pro Portion: 449 kcal | 18 g KH | 24 g EW | 29 g Fett

Lachstatar

mit Avocado & Mango

Dazu servieren Sie Weißbrot oder Baguettescheiben.

2 Portionen

ZUTATEN

150 g	frisches Lachsfilet (Sushi-Qualität)
½	Mango
1	Avocado
1	kl. Knoblauchzehe
½	rote Peperoni
1 kl. Handvoll Koriander	
2 EL	Limettensaft
2 EL	Sojasauce, dunkel
etwas	Salz & Pfeffer
etwas	Chiliflocken

Zum Garnieren:

ggf. Sprossen, Radieschen, Crème fraîche mit Wasabipaste angerührt

ZUBEREITUNG

Lachs in kleine Würfel schneiden und in eine Schüssel geben. Mango- und Avocadofruchtfleisch ebenso klein würfeln und zum Lachs geben.

Knoblauch, Peperoni und Koriander in den Mixtopf geben und **5 Sek./Stufe 6** hacken. Limettensaft, Sojasauce, etwas Salz, Pfeffer und Chiliflocken zugeben und **5 Sek./Stufe 3** mischen. Zum Lachs geben und alles gut vermengen.

Mithilfe eines Servierrings auf 2 Tellern anrichten und nach Belieben garnieren. Dazu passen sehr gut Sprossen, Radieschen, Gurke und auch ein Klecks Crème fraîche mit etwas Wasabipaste angerührt.

Tipp

Alternativ können Sie auch Thunfischfilet verwenden. Bitte ebenso darauf achten, dass es Sushi-Qualität hat.

Pro Portion: 374 kcal | 8 g KH | 19 g EW | 29 g Fett

Ein tolles Gericht für den Sommer! Servieren Sie dazu Baguette oder Weißbrot.

Garnelen-CEVICHE

6 Portionen

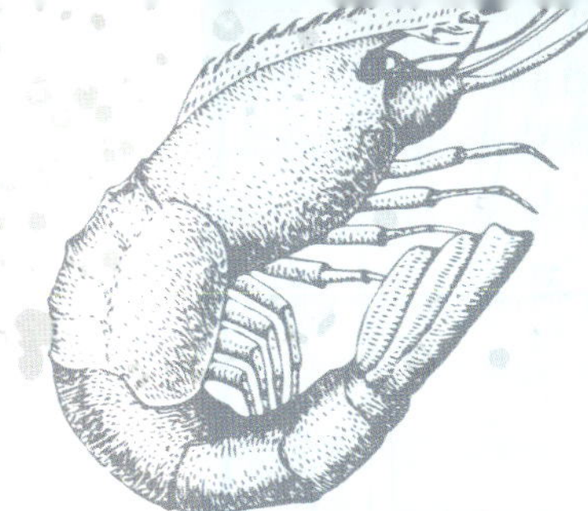

ZUTATEN

500 g	Garnelen, küchenfertig, gegart
170 g	Datteltomaten
1 Stange	Sellerie
1	rote Spitzpaprika
2	Avocados
1	rote Zwiebel
1 Handvoll	Koriander
1	gr. rote Peperoni
1	Knoblauchzehe
40 g	Olivenöl
4	Limetten, Saft davon (ca. 75 g)
etwas	Salz & Pfeffer

ZUBEREITUNG

Garnelen und Datteltomaten klein schneiden und in eine Schüssel geben. Sellerie fein hobeln, Spitzpaprika und Avocadofruchtfleisch klein würfeln und zugeben. Zwiebel in dünne Spalten schneiden und Koriander hacken. Alles mit in die Schüssel geben und vermengen.

Peperoni und Knoblauch in den Mixtopf geben und **5 Sek./Stufe 6** zerkleinern. Mit dem Spatel nach unten schieben. Öl zugeben und **1 Min./100°C/Stufe 1** andünsten. Limetten auspressen, Saft mit in den Mixtopf geben und alles **3 Sek./Stufe 3** mischen. Über die Garnelen geben und gut vermengen. Mit Salz und Pfeffer abschmecken.

Tipp

Kann gut vorbereitet werden und mehrere Std. im Kühlschrank durchziehen.

Pro Portion: 277 kcal | 5 g KH | 16 g EW | 20 g Fett

Dazu servieren Sie Sojasauce, Wasabipaste und frischen Ingwer oder Kresse.

Ura Maki

Sushi

selbst gemacht

Sushi kann man auch zu Hause ganz einfach selbst zubereiten. Wir zeigen Ihnen, wie der Reis gekocht wird und die perfekte Sushirolle gelingt!

Klassische Maki

SUSHI-REIS
richtig kochen

ZUTATEN

250 g	Sushi-Reis
560 g	Wasser
2 EL	Reisessig
2 EL	Zucker
1 TL	Salz

AUßERDEM:

Seetangblätter (Noriblätter)
Bambusmatte zum Rollen

Reis im Gareinsatz unter fließendem Wasser waschen, bis das Wasser klar wird, abtropfen lassen und ohne Gareinsatz in den Mixtopf geben.

Wasser zugeben und **9 Min./98°C/ /Sanftrührstufe** aufkochen. Weitere **13 Min./80°C/ /Sanftrührstufe** garen. Anschließend den Reis weitere 10 Min. im Mixtopf bei geschlossenem Deckel quellen lassen. Umfüllen und abkühlen lassen.

Mixtopf spülen. Reisessig, Zucker und Salz in den Mixtopf geben und **2 Min./Varoma/Stufe 1** aufkochen. Über den abgekühlten Reis geben und vermengen.

Sobald der Reis vollständig abgekühlt ist, kann dieser zu Sushi verarbeitet werden.

URA MAKI
Inside-Out-Rolls

1. Die Seetangblätter (Noriblätter) einzeln aus der Verpackung nehmen und mit der glatten Seite nach unten auf eine Frischhaltefolie auf die Bambusmatte legen. Hände in kaltes Wasser tauchen und den gegarten Sushi-Reis darauf verteilen. Dabei leicht andrücken und ca. 2-3 cm des Noriblattes frei lassen.

2. Das Ganze am besten mithilfe einer zweiten Lage Frischhaltefolie einmal umdrehen, sodass das Seetangblatt oben liegt. Darauf dann Zutaten für die Füllung geben (hier Mayonnaise, Gurke und Lachs).

3. Sushi nun mithilfe der Bambusmatte zur Mitte hin aufrollen und dabei leicht andrücken.

4. Die Sushirolle noch in schwarzem Sesam wenden. Dann mit einem scharfen Messer (ohne Druck) in Scheiben schneiden.

TIPP: Maki Sushi

Bei klassischen Maki-Sushi werden die Seetangblätter nicht umgedreht, sondern bleiben außen (siehe Bild links).

4 Portionen

ZUTATEN

2 Eier, hart gekocht
200 g Flusskrebsschwänze, gegart
1 kl. Dose Mandarin-Orangen (Abtr.gew. 175 g)

FÜR DIE DILLCREME

1 Handvoll Dill, entstielt
100 g Crème fraîche
100 g Naturjoghurt, 3,5%
70 g Mayonnaise
2 EL Tomatenketchup
1 EL Weinbrand
1 gestr. TL Salz
2 Msp. Pfeffer, gem.
1 EL Zitronensaft
¼ TL Chiliflocken
½ TL Paprikapulver, rosenscharf

ZUBEREITUNG

Dill im Mixtopf **5 Sek./Stufe 8** hacken. Restliche Zutaten für die Dillcreme zugeben und **20 Sek./Stufe 3.5** rühren.

Eier schälen und würfeln. Zusammen mit den Flusskrebsschwänzen, den abgetropften Mandarinen und der Dillcreme in einer Schüssel vermengen.

Pro Portion: 327 kcal | 9 g KH | 15 g EW | 25 g Fett

Partygarnelen in Dillsauce

4 Portionen

ZUTATEN

1 Bund	Dill, entstielt
1	kl. Knoblauchzehe
200 g	Doppelrahmfrischkäse
200 g	Crème fraîche
1 EL	Zitronensaft
etwas	Salz & Pfeffer
250 g	Partygarnelen, gegart & geschält

ZUBEREITUNG

Dill und Knoblauch im Mixtopf **8 Sek./Stufe 7** zerkleinern. Frischkäse, Crème fraîche, Zitronensaft, Salz und Pfeffer zugeben und **20 Sek./Stufe 3** vermengen.

Partygarnelen waschen, trocken tupfen und in eine Schüssel geben. Sauce zugeben, vermengen und ggf. noch einmal mit Salz und Pfeffer abschmecken.

Am besten einen Tag im Kühlschrank durchziehen lassen.

Pro Portion: 316 kcal | 4 g KH | 15 g EW | 26 g Fett

4 Portionen

Matjes-SALAT

ZUTATEN

200 g	Matjesfilets
200 g	rote Beete, gegart
1 Handvoll Dill, entstielt	
1	Apfel, geviertelt, entkernt
5-6	Cornichons (100 g)
1	rote Zwiebel, halbiert
100 g	saure Sahne
150 g	Schmand
1 EL	Weißweinwessig
2 EL	Gurkenwasser
1 EL	Senf, mittelscharf
etwas	Salz & Pfeffer

ZUBEREITUNG

Matjes und rote Beete in Würfel schneiden und in eine Schüssel geben.

Dill, Apfel, Cornichons und Zwiebel im Mixtopf **4 Sek./Stufe 5** hacken. Saure Sahne, Schmand, Essig, Gurkenwasser und Senf zugeben und **5 Sek./Stufe 3** mischen. Zum Fisch geben und gut vermengen. Mit Salz und Pfeffer abschmecken. 1-2 Std. durchziehen lassen.

Schmeckt auch lecker zu Pellkartoffeln. Statt frischem Dill können Sie auch 1 TL getrockneten Dill verwenden.

Pro Portion: 267 kcal | 14 g KH | 10 g EW | 18 g Fett

4 Portionen

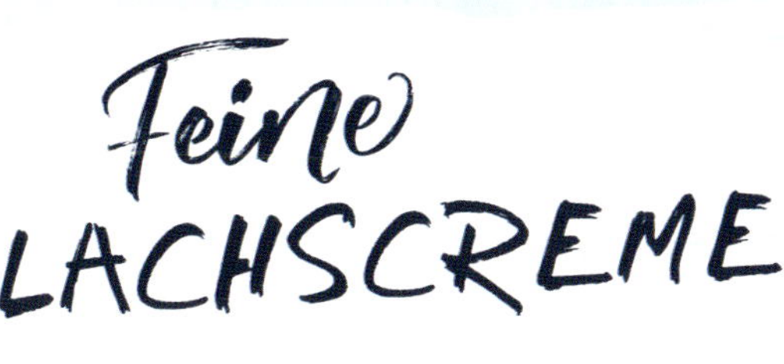

Feine LACHSCREME

ZUTATEN

1 Handvoll Dill, entstielt
150 g geräucherter Lachs
125 g Doppelrahmfrischkäse
1 TL Sahnemeerrettich
40 g Crème fraîche
1 Spritzer Zitronensaft
1 Prise Pfeffer, gem.
etwas Salz
1-2 EL Forellenkaviar

ZUBEREITUNG

Dill in den Mixtopf geben und **10 Sek./Stufe 7** zerkleinern.

Mit dem Spatel nach unten schieben. Restliche Zutaten zugeben und **10 Sek./Stufe 3.5** verrühren.

Entweder auf Baguettescheiben streichen oder mithilfe eines Spritzbeutels in kleine Teigschalen spritzen. Mit Forellenkaviar und etwas Dill dekorieren.

Pro Portion (nur Creme):
182 kcal | 2 g KH | 11 g EW | 14 g Fett

Kalte Sauce
FIX ANGERÜHRT

Die beiden Saucen passen auch sehr gut zu Fisch oder Garnelen vom Grill!

5-6 Portionen

Cocktail-SAUCE
ZU GARNELEN

ZUTATEN

100 g	Mayonnaise
20 g	Tomatenketchup
1 TL	Worcestersauce
1 EL	Zitronensaft
1 TL	Dijon-Senf
1 Prise	Salz
¼ TL	Pfeffer, gem.
½ TL	Knoblauch, granuliert
1 TL	Sriracha-Sauce (8 g)

Pro 30 g:
150 kcal | 2 g KH | 1 g EW | 15 g Fett

5-6 Portionen

Honig-Senf-SAUCE
ZU LACHS

ZUTATEN

150 g	Mayonnaise
10 g	Dijon-Senf
10 g	Senf, mittelscharf
15 g	Honig
1 TL	Apfelessig
je ¼ TL	Salz & Pfeffer
¼ TL	Knoblauch, granuliert
¼ TL	Paprikapulver, rosenscharf

Pro 30 g:
172 kcal | 2 g KH | 1 g EW | 18 g Fett

ZUBEREITUNG

Für die Zubereitung dieser fixen Saucen einfach alle Zutaten in einer kleinen Schüssel gut verrühren.

Fisch-Suppe mit Dip

TIPP
Sie können auch andere Fischsorten verwenden, z. B. Rotbarsch, Seelachs, Wolfsbarsch, Steinbutt, Skrei usw.

6 Portionen

ZUTATEN

2	kl. Knoblauchzehen
1	rote Zwiebel, halbiert
25 g	Butter
25 g	Weizenmehl, Type 405
1	kl. Karotte (60 g)
½	rote Paprika (70 g)
1 Stange	Sellerie (50 g)
1 EL	Öl
50 g	Hummerpaste (altern. Krustentierpaste)
400 g	Fischfond
450 g	Wasser, lauwarm
90 g	Weißwein, trocken
1 TL	Salz
1 EL	Gemüsebrühpulver
¼ TL	Pfeffer, gem.
½ TL	Zucker
etwas	Rosmarinnadeln, gehackt
30 g	Sahne
200 g	Lachsfilet
200 g	Kabeljau
200 g	Garnelen, roh, geschält, entdarmt
etwas	Petersilie zum Bestreuen

ZUBEREITUNG

Knoblauch und Zwiebel in den Mixtopf geben und **5 Sek./Stufe 6** zerkleinern. Mit dem Spatel nach unten schieben. Butter zugeben und **2 Min./100°C/Stufe 1** dünsten. Mehl zugeben und **2 Min./100°C/Stufe 1** anschwitzen.

Gemüse klein würfeln und zusammen mit Öl, Hummerpaste, Fischfond, Wasser, Weißwein, Gewürzen und Rosmarin zugeben. Suppe nun **15 Min./100°C/Stufe 1** kochen. In der Zwischenzeit Fisch und Garnelen putzen und würfeln (siehe Bild).

Nach der Garzeit Mixtopfdeckel abnehmen, Sahne hinzufügen und die Suppe auf 90°C abkühlen lassen (ca. 5 Min.).

Fischwürfel und Garnelen zugeben und das Ganze **6 Min./80°C/Sanftrührstufe** ziehen lassen. Nicht mehr kochen, sonst tritt das Eiweiß aus dem Fisch aus.

Zum Schluss mit Petersilie bestreuen und mit Dip (siehe nächste Seite) und Weißbrot servieren.

Pro Portion: 738 kcal | 19 g KH | 32 g EW | 57 g Fett

TIPP
Der Dip ist auch sehr lecker zu gegrillten Garnelen!

FÜR DEN DIP

1	kl. rote Peperoni, entkernt
125 g	Crème fraîche
125 g	Mayonnaise
1 TL	Senf, mittelscharf
1 TL	Worcestersauce
1 gestr. TL	Paprikapulver, rosenscharf
1 gestr. TL	Salz
etwas	Pfeffer, frisch gem.
½ TL	Zwiebeln, granuliert
½ TL	Knoblauch, granuliert
½ TL	Zucker
1 TL	Zitronensaft

ZUBEREITUNG

Peperoni im Mixtopf **6 Sek./Stufe 6** zerkleinern. Restliche Zutaten zugeben und **10 Sek./Stufe 3** mixen. Alles mit dem Spatel nach unten schieben und **20 Sek./Stufe 2.5** cremig rühren.

Servieren Sie den Dip mit Weißbrot zur Fischsuppe (s. Seite 19).

Warenkunde:

GARNELEN

Garnelen gibt es in verschiedenen Varianten zu kaufen. Hier oben sind frische rohe Garnelen. Diese müssen erst entdarmt werden. Rohe Garnelen haben eine bläuliche Farbe. Erst beim Garen erhalten sie die typische orange Farbe.

Tiefgefroren gibt es rohe Garnelen meist schon geschält und entdarmt. Diese müssen nur noch aufgetaut werden und können dann weiterverarbeitet werden. z.B. für die Fischsuppe.

Zum Grillen empfehle ich die Garnelen nur am Rücken zu schlitzen und zu entdarmen. Dann auf dem Grill mit Schale grillen. Dadurch bleiben sie saftiger.

Eine Schritt-für-Schritt-Anleitung finden Sie auf unserem YouTube Kanal.

Gratinierte JAKOBSMUSCHELN

TOLLE VORSPEISE FÜR GÄSTE!

AUF KARTOFFELCREME

6 Stück

ZUTATEN

6	Jakobsmuscheln, frisch o. aufgetaut
etwas	Salz & Pfeffer

CHILI-LIMETTEN-BUTTER

½	rote Peperoni, entkernt
75 g	Butter
2 TL	Limettensaft
etwas	Salz & Pfeffer

KARTOFFELCREME

250 g	Kartoffeln, vorw. festk.
500 g	Wasser, lauwarm
10 g	Butter
75 g	Crème fraîche
15 g	Zitronensaft
etwas	Salz, Pfeffer & Muskat, gem.
80 g	Sahne

ZUBEREITUNG

Zuerst die Chili-Limetten-Butter zubereiten. Hierzu Peperoni im Mixtopf **5 Sek./Stufe 6** zerkleinern und mit dem Spatel nach unten schieben. Butter, Limettensaft, etwas Salz und Pfeffer zugeben und **10 Sek./Stufe 3** vermengen. Masse auf ein Stück Frischhaltefolie geben und zu einer Rolle formen. In den Kühlschrank geben.

Kartoffeln schälen, in kleine Würfel schneiden und in den Gareinsatz geben. Wasser in den Mixtopf füllen, Gareinsatz einhängen und die Kartoffeln **20 Min./Varoma/Stufe 1** garen. 5 Min. vor Garzeitende Backofen auf Grillfunktion stellen.

Jakobsmuscheln mit etwas Salz und Pfeffer würzen und in eine Auflaufform legen. Nun eine Scheibe der Butter darauf platzieren und für 6-8 Min. in den Backofen geben.

Nach Garzeitende Mixtopf leeren und die gegarten Kartoffeln in den Mixtopf geben. Butter, Crème fraîche und Zitronensaft zugeben und das Ganze **10 Sek./Stufe 4** mixen. Gewürze und Sahne zugeben und erneut **15 Sek./Stufe 5** cremig schlagen. Je 2 EL Creme auf einen Teller oder in eine leere Muschel füllen und die gegrillten Jakobsmuscheln darauf platzieren. Etwas flüssige Butter noch darüber träufeln und servieren.

Pro Portion: 237 kcal | 8 g KH | 7 g EW | 20 g Fett

Fisch TACOS

12 Tacos
= 4 Portionen

ZUTATEN

3 Tortilla-Wraps (Ø 25 cm)
300 g Fischfilets nach Wahl*
2-3 Radieschen
1 Avocado
1 Limette
100 g Rotkraut
100 g Chinakohl
1 kl. rote Zwiebel
ein paar Chiliflocken

FÜR DIE SAUCE

1 Handvoll Dill
100 g Sour Cream
70 g Mayonnaise
¼ TL Zwiebeln, granuliert
½ TL Knoblauch, granuliert
½ TL Paprikapulver, geräuchert
1 gestr. TL Sambal Oelek
1 gestr. TL Sriracha-Mayonnaise
¼ TL Kreuzkümmel, gem.
1 TL Limettensaft
1 EL Milch, 1,5%

* Hier können Sie sämtliche Arten von Fisch verwenden, ob Lachs, panierter Fisch oder Garnelen.

ZUBEREITUNG

Für die Sauce Dill in den Mixtopf geben und **3 Sek./Stufe 8** zerkleinern. Mit dem Spatel nach unten schieben. Restliche Zutaten zugeben und **10 Sek./Stufe 4** verrühren.

Fischfilets entweder paniert oder unpaniert anbraten (Infos zum Braten von Fisch siehe Umschlagseite vorne).

Tortillafladen vierteln. Radieschen in feine Scheiben hobeln. Avocadofruchtfleisch würfeln und mit Limettensaft beträufeln. Rotkraut, Chinakohl und Zwiebel in feine Streifen schneiden. Die geviertelten Tortillafladen mit allen Zutaten füllen, Sauce darüber geben und ggf. mit Holzspießen fixieren. Zum Servieren auf einer Platte anrichten.

Pro Portion: 482 kcal | 26 g KH | 20 g EW | 32 g Fett

Spaghetti
alle vongole

4 Portionen

ZUTATEN

1 kg	Venusmuscheln
½ Stange Sellerie	
1	Zwiebel, halbiert
1	rote Peperoni, entkernt
1 Handvoll Petersilie	
1 EL	Sojasauce (10 g)
40 g	Weißwein, trocken
50 g	Öl
1.400 g	Wasser, lauwarm
1 EL	Salz
500 g	Spaghetti (Kochzeit 9 Min.)

Zum Abschmecken:

etwas Salz, Pfeffer & Zitronensaft

ZUBEREITUNG

Die Muscheln für ca. 45 Min. in kaltes Wasser einlegen. Dadurch „spucken“ sie den restlichen Sand aus. Danach mit einer Schaumkelle herausnehmen, damit der Sand im Wasser bleibt. Kaputte und geöffnete Muscheln aussortieren.

Sellerie, Zwiebel, Peperoni und Petersilie im Mixtopf **5 Sek./Stufe 6** zerkleinern. Sojasauce, Weißwein und Öl zugeben und **10 Sek./Stufe 4** mixen. Die Marinade in einen Kochtopf umfüllen. Mixtopf spülen. 1.400 g Wasser in den Mixtopf füllen und **10 Min./100°C/ /Stufe 1** aufkochen. Salz zugeben. Nun den Messbecher abnehmen.

Waage aktivieren und Spaghetti durch das Deckelloch einwiegen. **15 Min./100°C/ /Sanftrührstufe** einstellen und starten. Sobald die Spaghetti im Mixtopf verschwunden sind, Messbecher wieder einsetzen.

Ca. 5 Min. bevor die Spaghetti fertig sind, den Topf mit der Marinade erhitzen und Muscheln zugeben. Ca. 4-5 Min. mit geschlossenem Deckel garen, bis die Muscheln geöffnet sind. Spaghetti absieben, mit in den Topf geben und alles gut vermengen. Mit Salz, Pfeffer und etwas Zitronensaft abschmecken und servieren.

Tipp

Wer möchte, serviert dazu frisch geriebenen Parmesan. Stellen Sie für jede Person eine kleine leere Schale auf den gedeckten Tisch, um die leeren Muscheln beiseitelegen zu können.

Pro Portion: 777 kcal | 89 g KH | 60 g EW | 17 g Fett

Calamari WIE VOM ITALIENER

Wer das Ganze etwas andicken möchte, gibt zum Schluss nochmal 1-2 EL Tomatenmark dazu.

ZUTATEN

4 Portionen

650 g	Kalmartuben
1	Zitrone, Saft davon
5 EL	Olivenöl
1	Zwiebel, halbiert
2	Knoblauchzehen
1	rote Peperoni, entkernt
1 geh. EL	Tomatenmark
2 Dosen	Tomatenfruchtfleisch (à 400 g)
60 g	Weißwein, trocken
60 g	Kapern (Glas)
8-10	grüne Oliven, entsteint, in Scheiben geschnitten
1 EL	ital. Kräuter, getr.
¼ TL	Pfeffer, gem.
1 TL	Salz
2	Lorbeerblätter
ein paar	Rosmarinnadeln

ZUBEREITUNG

Kalmartuben waschen, trocken tupfen und in ca. 2 cm dicke Ringe schneiden. Zusammen mit Zitronensaft und 3 EL Olivenöl in eine Schüssel geben und mind. 2-3 Std. ziehen lassen.

Zwiebel, Knoblauch und Peperoni im Mixtopf **5 Sek./Stufe 6** zerkleinern. Mit dem Spatel nach unten schieben. 2 EL Olivenöl zugeben und **2 Min./Varoma/Stufe 1** dünsten. Tomatenmark zugeben und **1 Min./Varoma/Stufe 1** weiter dünsten. Calamari abtropfen lassen, zusammen mit den restlichen Zutaten zugeben und das Ganze **60 Min./95°C/ ⟲ /Stufe 0.5** garen. Dazu servieren Sie z. B. Pizzabrot, Spaghetti oder einfach nur Weißbrot.

Pro Portion: 225 kcal | 12 g KH | 20 g EW | 8 g Fett

Linguine al Tonno

Pro Portion: 550 kcal | 73 g KH | 24 g EW | 16 g Fett

3 Portionen
+ kann verdoppelt werden

ZUTATEN

250 g	Linguine
1	kl. rote Zwiebel, halbiert
2	Knoblauchzehen
20 g	Olivenöl
1 TL	Zucker
1 Dose	Tomatenfruchtfleisch (400 g)
30 g	Tomatenmark
50 g	Crème fraîche
30 g	Sahne
1 TL	Oregano, getr.
1 TL	Majoran, getr.
1 TL	Salz
¼ TL	Pfeffer, gem.
2 TL	Zitronensaft
1 Handvoll	Petersilie, gehackt
1 Glas	Thunfischfilets (Abtr.gew. 120 g)

ZUBEREITUNG

Nudeln nach Packungsanweisung al dente kochen. Zwiebel und Knoblauch im Mixtopf **5 Sek./Stufe 6** zerkleinern. Mit dem Spatel nach unten schieben. Olivenöl und Zucker zugeben und **3 Min./Varoma/Stufe 1** dünsten.

Restliche Zutaten (außer Thunfischfilets) zugeben und **5 Min./100°C/Sanftrührstufe** kochen. Thunfisch mit den Händen zerrupfen, zugeben, mit dem Spatel unterrühren und 2 Min. ziehen lassen. Sauce mit Pasta servieren.

Lachsfrikadellen
mit Asia-Gurkensalat

4 Portionen

FÜR DIE FRIKADELLEN

1 Stängel Zitronengras
1 Knoblauchzehe
½ kl. Zwiebel
1 Handvoll Koriander
1 kl. rote Peperoni, entkernt
1 Stück Ingwer, geschält (haselnussgroß)
500 g frisches Lachsfilet, ohne Haut
etwas Salz & Pfeffer
etwas Öl zum Anbraten

ZUBEREITUNG

Zitronengras ein paarmal auf die Arbeitsfläche klopfen, damit es etwas weicher wird. Stängel der Länge nach aufschneiden, die weicheren Innenblätter herausnehmen und in den Mixtopf geben. Knoblauch, Zwiebel, Koriander, Peperoni und Ingwer ebenfalls in den Mixtopf geben und **5 Sek./Stufe 6** zerkleinern. 300 g Lachs in Stücken zugeben und **5 Sek./Stufe 5** zerkleinern. In eine Schüssel umfüllen.

Restlichen Lachs klein würfeln und unter die Masse heben. Mit Salz und Pfeffer würzen. Aus der Masse Frikadellen formen und in einer Pfanne mit heißem Öl von beiden Seiten braten.

FÜR DEN GURKENSALAT

1 Salatgurke
1 TL Wasabipaste
1 EL Wasser
3 EL Weißweinessig
2 EL Öl
1 TL Zucker
½ TL Salz
2 Msp. Pfeffer, gem.
1 TL Sesam, schwarz
etwas Dill, entstielt

Gurke fein hobeln und in eine Schüssel geben. Wasabipaste mit Wasser anrühren und mit restlichen Zutaten verrühren. Dressing über die Gurke geben und gut vermengen.

Salat zusammen mit den Lachsfrikadellen servieren. Dazu können Sie noch Limettenspalten und Sweet-Chili-Sauce reichen.

Pro Portion: 332 kcal | 7 g KH | 25 g EW | 19 g Fett

Dazu servieren Sie Nudeln, Reis oder Kartoffeln.

Lachs-Sahne-GRATIN

ZUTATEN

500 g frisches Lachsfilet, ohne Haut
etwas Salz & Pfeffer
50 g geriebener Parmesan

FÜR DIE SAUCE

1 Handvoll Dill, entstielt
1 Handvoll Petersilie
1 Zwiebel, halbiert
1 Knoblauchzehe
1 EL Öl
200 g Sahne
200 g Milch, 1,5%
15 g Tomatenmark
40 g Fischfond
50 g Weißwein, trocken
½ Zitrone, Schalenabrieb davon
1 EL Weizenmehl, Type 405
1 TL ital. Kräuter, getr.
2 TL Gemüsebrühpulver
1 gestr. TL Salz
¼ TL Pfeffer, gem.

ZUBEREITUNG

Backofen auf 200°C Ober-/Unterhitze vorheizen.

Lachsfilet in eine Auflaufform legen und mit Salz und Pfeffer würzen.

Petersilie und Dill im Mixtopf **5 Sek./Stufe 7** hacken. Über den Lachs geben.

Zwiebel und Knoblauch in den Mixtopf geben und **5 Sek./Stufe 5** zerkleinern. Mit dem Spatel nach unten schieben. Öl zugeben und **3 Min./Varoma/Stufe 1** dünsten. Restliche Zutaten für die Sauce hinzufügen und **5 Min./90°C/Stufe 3** erhitzen.

Sauce über den Fisch gießen und mit Parmesan bestreuen. Im vorgeheizten Backofen ca. 25 Min. backen.

Pro Portion: 577 kcal | 11 g KH | 32 g EW | 45 g Fett

KNUSPERFISCH mit Ofengemüse

6 Portionen

ZUTATEN

3	Süßkartoffeln (ca. 1 kg)
4	Paprika, bunt gemischt (grün, gelb, orange & rot)
1	kl. Fenchelknolle
2	rote Zwiebeln
1,2 kg	Kabeljaufilets

FÜR DIE MARINADE

2	Knoblauchzehen
70 g	Öl
1 Dose	Kirschtomaten in Tomatensaft (z. B. von Mutti)
260 g	Wasser
1 EL	Gemüsebrühpulver
1 EL	ital. Kräuter, getr.
1 TL	Salz
1 TL	Paprikapulver, rosenscharf
1 TL	Paprikapulver, edelsüß
1 TL	Zwiebeln, granuliert
1 TL	Knoblauch, granuliert
1 TL	Bockshornkleesamen

FÜR DIE GEWÜRZBRÖSEL

50 g	Panko-Paniermehl
1 TL	Paprikapulver, edelsüß
1 TL	Zwiebeln, granuliert
1 TL	Knoblauch, granuliert
1 TL	Bockshornkleesamen
2 TL	ital. Kräuter, getr.
¼ TL	Pfeffer, gem.
½ TL	Salz
3 EL	Olivenöl
1 EL	Wasser

Pro Portion: 563 kcal | 55 g KH | 44 g EW | 18 g Fett

ZUBEREITUNG

Gemüse in grobe Stücke/Würfel/Spalten schneiden und auf ein Backblech geben. Knoblauch in den Mixtopf geben und **5 Sek./Stufe 5** zerkleinern. Mit dem Spatel nach unten schieben. Öl zugeben und **2 Min./Varoma/Stufe 1** dünsten. Restliche Zutaten für die Marinade zugeben und **3 Sek./Stufe 3** mischen. Über das Gemüse gießen und im vorgeheizten Backofen bei 180°C Umluft ca. 25 Min. garen.

In der Zwischenzeit Fisch waschen, trocken tupfen und portionieren.
Für die Gewürzbrösel alle Zutaten in einer Schüssel verrühren.

Nach Ende der Garzeit das Gemüse mit einem Löffel durchmischen und Fischfilets auf dem Gemüse platzieren. Gewürzbrösel auf den Fisch geben und noch einmal alles zusammen für 15 Min. in den Ofen geben.

Schlemmerfisch ITALIA

Für eine größere Menge können Sie das Rezept auch verdoppeln.

ZUTATEN

250 g	weißes Fischfilet (z. B. Seelachs, Kabeljau, Heilbutt)
etwas	Salz & Pfeffer
100 g	Mini-Mozzarellabällchen

FÜR DIE SAUCE

1	Knoblauchzehe
1	kl. Zwiebel, halbiert
1 EL	Öl
1	rote Spitzpaprika (80 g)
100 g	Cocktailtomaten, halbiert
50 g	Tomatenmark
75 g	Wasser
½ TL	Salz
2 TL	ital. Kräuter, getr.
1 Handvoll	Basilikumblätter, gehackt

ZUBEREITUNG

Backofen auf 180°C Ober-/Unterhitze vorheizen. Fischfilets mit Salz und Pfeffer würzen und in eine Auflaufform legen.

Knoblauch und Zwiebel in den Mixtopf geben und **5 Sek./Stufe 5** zerkleinern. Öl zugeben und **2 Min./Varoma/Stufe 1** dünsten. Spitzpaprika in kleine Würfel schneiden und Cocktailtomaten halbieren. Zusammen mit den restlichen Saucenzutaten in den Mixtopf geben und **7 Min./100°C/Sanftrührstufe** kochen.

Sauce über den Fisch geben, mit Mozzarella bestreuen und im vorgeheizten Backofen ca. 25-30 Min. backen.

Dazu servieren Sie Nudeln, Reis oder einen Salat.

Pro Portion: 350 kcal | 13 g KH | 33 g EW | 18 g Fett

Mit Zitronen-
Kapern-Butter
Gewürzmischung

GANZER FISCH
aus dem Ofen
Mit Kartoffeln
& Spargel
ZU DEN REZEPTEN »

GANZER FISCH
aus dem Ofen

Sie können den Fisch auch mit einer Kartoffel als Stütze auf das Blech stellen.

SO GEHT'S

Hierfür eignet sich sehr gut Lachsforelle, Dorade oder Wolfsbarsch mit einem Gewicht von je 400 g - 500 g küchenfertig. Fisch innen und außen mit kaltem Wasser waschen und trocken tupfen. Die Haut mit einem scharfen Messer etwas einschneiden. Mit der Gewürzmischung (siehe unten) innen und außen kräftig würzen. Wer möchte, kann den Fisch noch mit Zitronenscheiben, frischen Kräutern (Dill, Petersilie oder Rosmarin) oder auch Zwiebelringen füllen. Auf ein mit Backpapier belegtes Backblech legen oder stellen (s. rechts). Im vorgeheizten Backofen bei 220°C Umluft ca. 25-30 Min. backen.

Gewürzmischung

ZUTATEN

1 EL	Dill, getr.
1 EL	Zwiebel, granuliert
1 EL	Knoblauch, granuliert
1 EL	Petersilie, getr.
1 TL	Kreuzkümmel, gem.
½ TL	Kurkuma, gem.
1 TL	Zitronengras, gem.
1 TL	Paprikapulver, rosenscharf
1 TL	Pfeffer, gem.
1 EL	Meersalz

ZUBEREITUNG

Alle Zutaten in den Mixtopf geben und **8 Sek./Stufe 10** fein mahlen. Gewürzmischung in ein Schraubglas umfüllen.

Sauce
Zitronen-Kapern-Butter

ZUTATEN

1	Knoblauchzehe
1	Bio-Zitrone
50 g	Butter
50 g	Öl
1 Glas	Kapern (Abtr.gew. 30 g)
etwas	Salz
etwas	Dill, entstielt, gehackt

ZUBEREITUNG

Knoblauch in den Mixtopf geben und **6 Sek./Stufe 6** zerkleinern.
Zitrone heiß waschen und Schale abreiben. Schalenabrieb zum Knoblauch geben. Halbe Zitrone auspressen und den Saft zusammen mit Butter und Öl hinzufügen.
4 Min./100°C/Stufe 2 erhitzen. Abgetropfte Kapern sowie etwas Salz und Dill zugeben und **3 Sek./Stufe 3** mischen. Sauce umfüllen.

Pro 30 g: 135 kcal | < 1 g KH | < 1 g EW | 15 g Fett

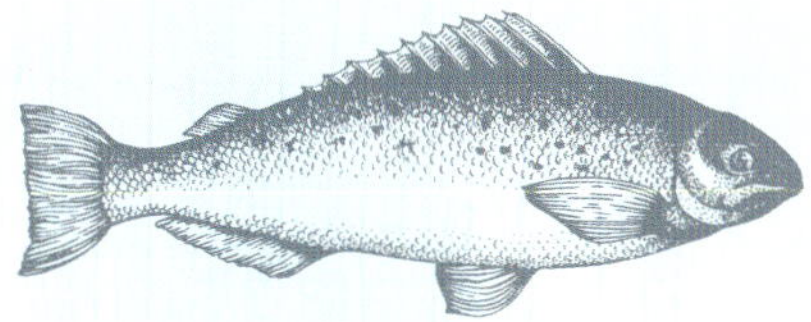

Beilage

Als Beilage eignen sich sehr gut Kartoffeln und Gemüse. Dieses können Sie entweder im Ofen zusammen mit dem Fisch auf dem Blech backen oder im Varoma garen. Für die Blech-Variante Gemüse klein schneiden und mit Öl, Salz und Pfeffer marinieren. Neben dem Fisch platzieren.

Für die Variante im Varoma, Gemüse ebenso klein schneiden und im Varoma sowie auf dem Einlegeboden verteilen. Bitte darauf achten, dass ausreichend Schlitze frei bleiben. 500 g Wasser in den Mixtopf füllen, Varoma aufsetzen und **25 Min./Varoma/Stufe 1** garen.

PASTA mit Hummersauce

ZUTATEN

350 g	Tagliatelle
9	Garnelen, roh, geschält, entdarmt
100 g	Lachsfilet, in Würfel geschnitten

FÜR DIE SAUCE

2	Knoblauchzehen
½	Zwiebel
1	kl. rote Peperoni, entkernt
1 EL	Öl
40 g	Nudelwasser
1 Dose	ganze Tomaten (400 g)
50 g	Hummerpaste*
1 TL	Salz
1 TL	ital. Kräuter, getr.
ein paar	Basilikumblätter, in Streifen geschnitten
etwas	Pfeffer, frisch gem.

AUßERDEM

etwas	Parmesan, frisch gerieben
ein paar	Basilikumblätter

ZUBEREITUNG

Nudeln in reichlich Salzwasser nach Packungsanweisung al dente kochen.

In der Zwischenzeit Knoblauch, Zwiebel und Peperoni im Mixtopf **5 Sek./Stufe 6** hacken. Mit dem Spatel nach unten schieben. Öl zugeben und **2 Min./Varoma/Stufe 1** dünsten. 40 g vom Nudelwasser aus dem Kochtopf mit in den Mixtopf geben. Restliche Zutaten für die Sauce zugeben und **5 Min./80°C/Stufe 2** erhitzen.

Wenn die Nudeln gar sind, absieben und eine Pfanne mit Öl erhitzen. Garnelen und Lachs anbraten. Nudeln und Sauce aus dem Mixtopf zugeben und vermengen. Mit etwas geriebenem Parmesan und ein paar Basilikumblättern garnieren.

Tipp

Seien Sie kreativ! Anstelle von Garnelen und Lachs können Sie auch gebratenen Pulpo oder gemischte Meeresfrüchte verwenden.

*Hummerpaste ist in gut-sortierten Supermärkten erhältich.

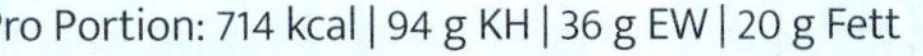

Pro Portion: 714 kcal | 94 g KH | 36 g EW | 20 g Fett

Sesam-THUNFISCH

mit Asia-Gemüse

ZUTATEN

500 g	Gemüse, nach Wahl (z. B. Paprika, Karotten, Brokkoli, Zuckerschoten usw.)
500 g	Wasser, lauwarm
2	Thunfischfilets à 150 g (Sushi-Qualität)
etwas	schwarzer Sesam
etwas	Öl zum Anbraten
1	Frühlingszwiebel, in Ringe geschnitten

FÜR DIE SAUCE

1	Knoblauchzehe
½	gelbe Chilischote, entkernt
1 Stück	Ingwer, haselnussgroß (5 g)
15 g	Sesamöl
1 TL	Zucker
40 g	Sojasauce, dunkel
170 g	Wasser
½ TL	Gemüsebrühpulver
1 Spritzer	Zitronensaft
1 EL	Speisestärke, gehäuft

ZUBEREITUNG

Gemüse in Scheiben oder Streifen schneiden und in den Varoma geben. Wasser in den Mixtopf füllen, Mixtopfdeckel auflegen und Varoma aufsetzen. Gemüse **20 Min./Varoma/Stufe 1** garen.

In der Zwischenzeit Thunfischfilets in schwarzem Sesam wenden und in einer Pfanne mit heißem Öl kurz scharf von beiden Seiten anbraten.

Nach Garzeitende Varoma absetzen und beiseitestellen. Mixtopf leeren und Sauce zubereiten. Knoblauch, Chilischote und Ingwer im Mixtopf **4 Sek./Stufe 7** zerkleinern. Mit dem Spatel nach unten schieben. Sesamöl zugeben und **2 Min./120°C/Stufe 1** dünsten. Restliche Zutaten für die Sauce zugeben und **4-5 Min./90°C/Stufe 3** erhitzen. Sobald die Sauce eingedickt ist, Gerät stoppen.

Varoma-Gemüse mit Sauce aus dem Mixtopf in die Pfanne geben und vermengen. Thunfischfilets in Streifen schneiden und zusammen mit dem Asia-Gemüse auf zwei Tellern anrichten. Mit Frühlingszwiebelringen bestreut servieren.

Pro Portion: 471 kcal | 25 g KH | 48 g EW | 21 g Fett

Skrei auf Mascarpone-Kartoffelpüree mit Speckgranola

INFO SKREI

* Die Fischart Skrei ist ein norwegischer Kabeljau der besonderen Art. Das Fleisch ist fest und doch zart, mager und aromatisch.

3 Portionen

ZUTATEN

3	frische Skrei-Filets à 150 g (altern. Kabeljau)
etwas	Salz & Pfeffer
500 g	Wasser
500 g	Kartoffeln, mehlig kochend
100 g	Mascarpone
1 gestr. TL Salz	
¼ TL	Pfeffer, gem.
¼ TL	Muskat gem.
75 g	Milch, 1,5%

FÜR DIE GRANOLA

75 g	Speckwürfel
etwas	Öl zum Anbraten
½	Bio-Zitrone, Schalenabrieb
1 TL	Zwiebeln, granuliert
etwas	Petersilie, gehackt
50 g	Wasser
50 g	Mascarpone

Tipp

Wer möchte, kann noch etwas Gemüse z. B. Brokkoli mit in den Varoma geben. Auch ein viertes Fischfilet hat noch Platz. Wenn Sie Gemüse mitgaren, können Sie aus dem Rezept auch 4 Portionen machen.

ZUBEREITUNG

Fischfilets mit Salz und Pfeffer würzen und im Varoma sowie auf dem Einlegeboden verteilen. Wasser in den Mixtopf füllen. Gareinsatz einsetzen. Kartoffeln schälen, in kleine Würfel schneiden und hineingeben. Mixtopfdeckel auflegen, Varoma aufsetzen und das Ganze **20 Min./Varoma/Stufe 1** garen.

Ca. 5 Min. vor Garzeitende die Granola herstellen. Speckwürfel in einer Pfanne mit etwas Öl anbraten. Restliche Zutaten für die Granola zugeben und aufkochen, bis die Mascarpone geschmolzen ist. Vom Herd nehmen.

Nach Garzeitende Varoma vom Thermomix nehmen und auf einen Teller stellen. (Nicht öffnen, dann bleibt der Fisch schön warm). Mixtopf leeren.

Gekochte Kartoffeln mit Mascarpone, Gewürze und 50 g Milch im Mixtopf **5 Sek./Stufe 5** zerkleinern. 25 g Milch zugeben und **10 Sek./Stufe 5** cremig rühren. Kartoffelpüree auf den Tellern verteilen und Fischfilet darauf setzen. Granola darüber geben und servieren.

Pro Portion: 519 kcal | 29 g KH | 38 g EW | 27 g Fett

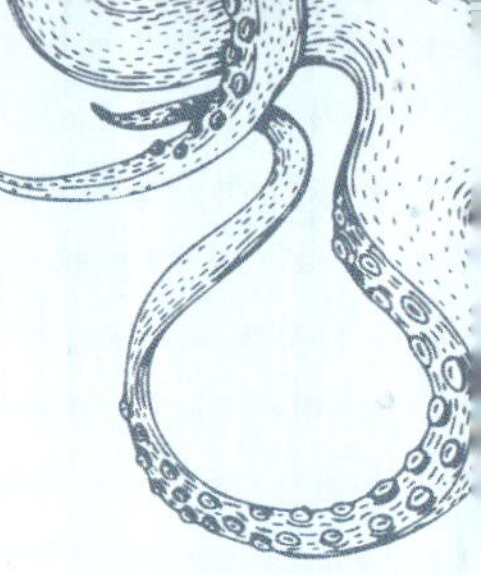

Pulpo

Sous vide garen

Die beste Methode, um Pulpo zu garen, ist das Sous vide garen. Der Pulpo wird butterweich und kann nach dem Garen z. B. gegrillt oder angebraten werden. Kalt kann er zu Salat oder Carpaccio verarbeitet werden.

ZUTATEN: 1 kleiner Pulpo, 1 Karotte, 1 Stange Sellerie

1. Pulpo parieren

Die Tintenfischarme werden einmal halbiert, sodass jedes Stück aus 4 Armen besteht. Diese geben Sie dann in zwei Vakuumierbeutel.

2. Vakuumieren

In beide Beutel kommen ein paar Karotten- und Stangensellerie-Scheiben. Dann wird das Ganze vakuumiert.

3. Garen

Beide Beutel werden dann in den Mixtopf gegeben und der **WunderCap*** wird in den Mixtopf eingesetzt. Somit ist genügend Platz für beide Beutel. Es wird so viel Wasser aufgefüllt, bis beide Beutel mit Wasser bedeckt sind.

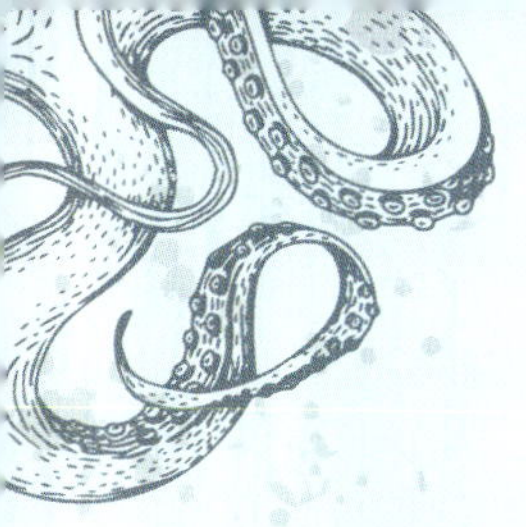

Nun Thermomix TM6 auf **Sous vide garen** einstellen und **4 Std./83°C** garen. (Wenn Sie den Pulpo im TM5 zubereiten, bitte nacheinander je 60 Min. bei 85°C garen. Das Ganze 4x wiederholen, bis 4 Std. erreicht sind. Ggf. etwas Wasser nachgießen.

OHNE THERMOMIX:

Alternativ können Sie die vakuumierten Beutel auch in einem Kochtopf am Herd sieden lassen. Bitte darauf achten, dass die Temperatur 85°C nicht übersteigt! Sonst wird der Pulpo zäh. Am besten mit einem Thermometer überwachen.

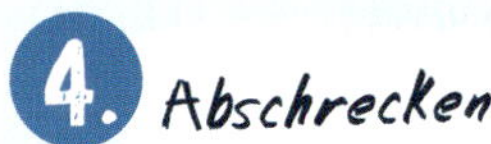

4. Abschrecken

Nach dem Garen die Beutel in kaltes Wasser zum Abschrecken legen. Öffnen, Arme waschen und bis zum Weiterverarbeiten im Kühlschrank lagern.

Tipp

Den gegarten Pulpo können Sie nun auch einfrieren.

Pulposalat

Der gegarte Pulpo eignet sich wunderbar als Salat. Zum Beispiel mit Paprika, Zwiebel, Kräutern, Olivenöl, Zitronensaft und Gewürzen verfeinert.

*WunderCap erhältlich unter: www.mixgenuss.de

PULPO mit Kartoffeln a la gallega

3 Portionen

ZUTATEN

250 g	gegarter Pulpo
400 g	Kartoffeln, vorw. festk.
10	grüne Oliven, entsteint
1	Knoblauchzehe
1	rote Zwiebel, halbiert
1	rote Peperoni, entkernt
500 g	Wasser, lauwarm
1 TL	Salz
4 EL	Olivenöl
1 TL	Paprikapulver, geräuchert
etwas	Salz & Pfeffer
etwas	Sriracha-Mayonnaise

ZUBEREITUNG

Gegarten Pulpo in ca. 1 cm dicke Scheiben schneiden. Kartoffeln schälen und in kleine Würfel schneiden. Oliven in Scheiben schneiden.

Knoblauch, Zwiebel und Peperoni im Mixtopf **5 Sek./Stufe 6** zerkleinern. Umfüllen.

Wasser und 1 TL Salz in den Mixtopf füllen und **5 Min./100°C/Stufe 1** aufkochen. Kartoffelwürfel zugeben und **15-20 Min./100°C/Sanftrührstufe** garen. Die Kartoffeln dürfen gerne sehr weich gekocht werden.

Eine Pfanne mit 2 EL Olivenöl erhitzen und die Pulposcheiben darin scharf anbraten. Zwiebel-Knoblauch-Gemisch zugeben und mitbraten. Kartoffeln absieben und mit den Oliven ebenfalls zugeben. Mit Paprikapulver sowie etwas Salz und Pfeffer würzen.

Noch einmal 2 EL Olivenöl zugeben und weitere 2-4 Min. erhitzen. Immer wieder wenden. Mit Sriracha-Mayonnaise beträufeln und servieren.

Tipp

Pulpo selbst kochen ist nicht so einfach, denn das Wasser darf keinesfalls kochen, sonst wird er zäh. Bei mittlerer Hitze muss dieser 1-1,5 Std. garen. Am besten funktioniert dies jedoch im Thermomix bei kontrollierter Hitze, siehe Seite 48.

Pro Portion: 349 kcal | 23 g KH | 14 g EW | 21 g Fett

Seafood Paella

Wer möchte, kann auch andere Fischarten und/ oder Garnelen verwenden.

6 Portionen

ZUTATEN

Für die Garflüssigkeit:

1	Zwiebel, halbiert
1	Knoblauchzehe
2 EL	Olivenöl
1 Glas	Fischfond (400 g)
100 g	Weißwein, trocken
1.000 g	Wasser
1 EL	Gemüsebrühpulver
¼ TL	Pfeffer, gem.
2 TL	Paprikapulver, geräuchert
1 TL	Paprikapulver, rosenscharf
0,2 g	Safran, gem.
1 TL	Meersalz
1 TL	Thymian, getr.
½ TL	Kurkuma, gem.
½ TL	Rosmarin, gem.
1	Tomate, klein gewürfelt

Außerdem:

1	rote Paprika
etwas	Olivenöl
375 g	Paellareis
150 g	TK-Erbsen
400 g	Lachsfilet
250 g	Meeresfrüchte, TK, aufgetaut (Frutti di Mare)
1	gr. Zitrone, geachtelt
etwas	Petersilie, gehackt

ZUBEREITUNG

Zwiebel und Knoblauch im Mixtopf **5 Sek./Stufe 5** zerkleinern. Mit dem Spatel nach unten schieben. Olivenöl zugeben und **2 Min./Varoma/Stufe 1** dünsten. Restliche Zutaten für die Garflüssigkeit hinzufügen und **8 Min./90°C/Stufe 1** erhitzen.

In der Zwischenzeit Paprika klein würfeln. Etwas Olivenöl in einer Paellapfanne (alternativ feuerfeste tiefe Pfanne mit mind. 32 cm Durchmesser) erhitzen und Paprika etwas andünsten. Reis hinzufügen und kurz mitbraten. Garflüssigkeit aus dem Mixtopf mit in die Pfanne gießen und auf niedriger Stufe 30 Min. köcheln. Ab und zu umrühren. 10 Min. vor Garzeitende Backofen auf 120°C Umluft vorheizen und Erbsen mit in die Pfanne geben. Lachs in Würfel schneiden.

Wenn die Flüssigkeit aufgesaugt und der Reis gar ist, Pfanne vom Herd nehmen und mit Garnelen, Lachs und Meeresfrüchten belegen. Nun für ca. 15 Min. in den vorgeheizten Backofen geben. Sobald der Lachs und die Garnelen gar sind, Pfanne aus dem Ofen nehmen. Paella mit Petersilie bestreuen und mit Zitronenspalten servieren.

Pro Portion: 520 kcal | 61 g KH | 27 g EW | 16 g Fett

CALAMARI fritti

Pro Portion: 777 kcal | 89 g KH | 60 g EW | 17 g Fett

4 Portionen

ZUTATEN

500 g	Calamari-Tintenfisch-Zöpfe
60 g	Zitronensaft
40 g	Olivenöl

FÜR DIE PANADE

100 g	Weizenmehl, Type 405
50 g	Speisestärke
2 TL	Paprikapulver, rosenscharf oder edelsüß
2 TL	Salz
1 TL	Pfeffer, gem.

ZUM FRITTIEREN

300 g	Frittieröl

Dazu servieren Sie Aioli und Pommes oder einen Salat.

ZUBEREITUNG

Tintenfische mit Zitronensaft und Olivenöl mind. 2-3 Std. einlegen. Gerne auch über Nacht. Dadurch werden sie schön zart.

Zutaten für die Panade in einer Schüssel verrühren. Die Tintenfische aus dem Sud nehmen, etwas abtropfen lassen und dann in der Mehlmischung wälzen. Überschüssiges Mehl abschütteln und die panierten Zöpfe auf einen Teller legen.

Öl in einem Topf erhitzen. Wenn man das Ende eines Holzkochlöffels in das Öl hält und Blasen aufsteigen, ist die Temperatur erreicht und es kann frittiert werden.

Die Calamari nun ca. 1-2 Min. frittieren und auf einem Küchenkrepp abtropfen lassen.

Sie können auch gefrorene Tintenfischringe verwenden. Diese auftauen lassen und ebenso zubereiten.

Lecker mit Tomatenketchup oder Remoulade (siehe S. 63)

10 Fischstäbchen
oder 6 Frikadellen

Fischstäbchen, Frikadellen & Nuggets

ZUTATEN

1	Zwiebel, halbiert
etwas	Petersilie
300 g	Seelachsfilet oder Kabeljaufilet
1 TL	Salz
1 TL	Paprikapulver, rosenscharf
¼ TL	Pfeffer, gem.
½ TL	Knoblauch, granuliert
1	Ei
5 EL	Panko-Paniermehl*

etwas Öl zum Anbraten
ggf. etwas Paniermehl

* Alternativ: Ein Brötchen vom Vortag für ca. 5 Min. in kaltem Wasser eingeweicht und gut ausgedrückt.

ZUBEREITUNG

Zwiebel und Petersilie im Mixtopf **5 Sek./Stufe 5** zerkleinern. Fischfilet in Stücke schneiden, zugeben und ebenso **5 Sek./Stufe 5** zerkleinern. Restliche Zutaten zugeben und **5 Sek./Stufe 4** vermengen.

Aus der Masse entweder 6 Frikadellen oder 10 Fischstäbchen/Nuggets formen. Diese sofort in heißem Öl anbraten oder vorher noch in Paniermehl wälzen für eine knusprige Panade.

Tipp

Dazu servieren Sie dazu Pommes oder einen Kartoffelsalat. Ein tolles Rezept finden Sie auf Seite 62.

Pro Fischstäbchen: 66 kcal | 5 g KH | 7 g EW | 2 g Fett

Pro Frikadelle: 110 kcal | 8 g KH | 11 g EW | 4 g Fett

Kibbeling

MIT KNOBLAUCH-DIP

DAZU SCHMECKEN AUCH POMMES!

3 Portionen

ZUTATEN

350 g	weißes Fischfilet (Kabeljau o. Rotbarsch)
½ TL	Ingwer, gem.
½ TL	Paprikapulver, rosenscharf
½ TL	Pfeffer, gem.
½ TL	Knoblauch, granuliert
½ TL	Muskat, gem.
½ TL	Salz

FÜR DIE PANADE

2	Eier
50 g	Weizenmehl, Type 405
1 TL	Senf, mittelscharf

Außerdem: Frittieröl

Pro Portion: 298 kcal | 15 g KH | 28 g EW | 14 g Fett

FÜR DEN KNOBLAUCH-DIP

3	Knoblauchzehen
3 EL	6-Kräuter-Mischung, TK
200 g	Schmand
200 g	saure Sahne
1 TL	Salz
¼ TL	Pfeffer, gem.
150 g	Mayonnaise

Knoblauch im Mixtopf **6 Sek./Stufe 6** zerkleinern. Restliche Zutaten zugeben und **10 Sek./Stufe 3.5** mixen.

Dip (pro 30 g): 101 kcal | 1 g KH | 1 g EW | 10 g Fett

ZUBEREITUNG

Fischfilet in mundgerechte Stücke schneiden. Gewürze in einer Schüssel vermengen und die Fischstücke darin wenden.

Für die Panade alle Zutaten im Mixtopf **45 Sek./Stufe 3.5** verrühren. In eine Schüssel umfüllen.

Frittieröl in einem Topf auf 180°C erhitzen. Fisch in der Panade wälzen, bis er rundum bedeckt ist. Stücke aus der Teigmasse fischen und im heißen Öl schwimmend portionsweise von beiden Seiten goldbraun backen (je ca. 4 Min.). Auf Küchenkrepp kurz abtropfen lassen, salzen und mit dem Knoblauch-Dip genießen.

Der Knoblauch-Dip passt auch gut zu gegrilltem Lachs oder zu ganzem Fisch aus dem Ofen.

Dill-Weißwein-SAUCE

ZUTATEN

60 g	Parmesan
1 Bund	Dill, entstielt
100 g	Weißwein, trocken
200 g	Crème fraîche
25 g	Butter
½ TL	Gemüsebrühpulver
1 Prise	Zucker
1 Prise	Pfeffer, gem.
etwas	Salz zum Abschmecken

ZUBEREITUNG

Parmesan in Stücken in den Mixtopf geben und **10 Sek./Stufe 7** fein reiben. Umfüllen.

Dill im Mixtopf **5 Sek./Stufe 8** hacken. Parmesan und restliche Zutaten zugeben und **4 Min./90°C/Stufe 1** aufkochen. Sauce zum Fisch servieren.

Pro 30 g: 93 kcal | 1 g KH | 2 g EW | 8 g Fett

Zitronen-HOLLANDAISE

ZUTATEN

250 g Butter
5 Eigelb (Gr. M)
2 EL Zitronensaft
1 TL Senf, mittelscharf
1 TL Salz
¼ TL Pfeffer, gem.
150 g Crème légère
1 Handvoll Thymianblätter

ZUBEREITUNG

Butter in Stücken in den Mixtopf geben und **7 Min./70°C/Stufe 2** schmelzen. Umfüllen.

Rühreinsatz einsetzen. Eigelb, Zitronensaft, Senf, Salz und Pfeffer in den Mixtopf geben und **4 Min./80°C/Stufe 3** aufschlagen. Nach 1 Minute die flüssige Butter durch die Deckelöffnung langsam zugießen. Nach 4 Minuten Crème légère und Thymian zugeben und noch einmal **1 Min./80°C/Stufe 3** aufschlagen.

Pro 30 g: 137 kcal | 1 g KH | 2 g EW | 14 g Fett

Kartoffelsalat mit Ei & Gewürzgurken

ZUTATEN

1 kg	gekochte Kartoffeln, in Scheiben geschnitten
4	hart gekochte Eier, in Würfel geschnitten

FÜR DAS DRESSING

1	Zwiebel, halbiert
200 g	kl. Gewürzgurken
1 Handvoll Dill, gehackt	
125 g	Salatmayonnaise
50 g	Gurkenwasser
30 g	Essig
½ TL	Salz
1 Prise	Pfeffer, gem.

ZUBEREITUNG

Zwiebel und Gewürzgurken im Mixtopf **3 Sek./Stufe 5** zerkleinern.

Restliche Zutaten für das Dressing zugeben und **3 Sek./Stufe 4** mischen. Kartoffelscheiben und Eier in eine große Schüssel geben, das Dressing darüber verteilen und gut vermengen. Fertig!

Pro Portion: 482 kcal | 41 g KH | 13 g EW | 29 g Fett

Fischstäbchen-REMOULADE

ZUTATEN

½	grüner Apfel
25 g	Kapern
4	Cornichons
1	Schalotte
150 g	Crème fraîche
100 g	Mayonnaise
etwas	Salz & Pfeffer

ZUBEREITUNG

Apfel in Stücke schneiden und mit Kapern, Cornichons und Schalotte in den Mixtopf geben. **5 Sek./Stufe 5** zerkleinern.

Mit dem Spatel nach unten schieben. Restliche Zutaten zugeben und **20 Sek./Stufe 3** verrühren.

Pro 50 g: 126 kcal | 3 g KH | 1 g EW | 12 g Fett

Lust auf ein Fischbrötchen?

Fischbrötchen sind ein beliebter Klassiker, der gerne im Schnellrestaurant, am Imbiss oder in Fischgeschäften angeboten wird. Wieso also nicht mal zu Hause selbst welche kreieren? Es passiert ja mal, dass etwas Fisch übrig bleibt, dieser aber für eine vollständige Mahlzeit nicht ausreichend ist. Im Nu kann man aus einem Brötchen, Fisch, Zwiebeln, Gurken usw. leckere Fischbrötchen zaubern. Als Sauce eignet sich sehr gut eine Preiselbeer-Meerrettich-Sauce. Diese passt auch sehr gut zu Lachs-Burger.

PREISELBEER-MEERRETTICH-SAUCE

100 g	Schmand
25 g	Mayonnaise
3 EL	Wildpreiselbeeren
1 geh. TL	Sahnemeerrettich
etwas	Salz & Pfeffer

Alle Zutaten in einer Schüssel verrühren. Fertig!

Pro 30 g: 103 kcal | 4 g KH | 1 g EW | 9 g Fett